EL DON DE LA TRISTEZA

ALFONSO BREZMES

EL DON DE LA TRISTEZA

XXIV Premio Emilio Alarcos

VISOR LIBROS

VOLUMEN MCCCVII DE LA COLECCIÓN VISOR DE POESÍA

Un jurado compuesto por Josefina Martínez Álvarez, Carlos Navarro Marzal, Luis García Montero, Jesús García Sánchez, Olvido García Valdés y Araceli Iravedra, presidido por Luis Alberto de Cuenca Prado, actuando como secretario Carlos Gil de Gómez Pérez-Aradros, concedió a este libro el XXIV Premio Emilio Alarcos de Poesía que patrocina el Principado de Asturias.

Actividad subvencionada por el Gobierno del Principado de Asturias

Universidad de Oviedo

Ilustración de cubierta: Alfonso Brezmes

Isaac Peral, 18 - 28015 Madrid
www.visor-libros.com

Promueve: Consejería de Cultura, Política Lingüística y Turismo.
Dirección General de Cultura y Patrimonio

ISBN: 979-13-87745-37-0
Depósito Legal: M-6273-2026

Impreso en España - Printed in Spain
Gráficas Muriel. C/ Investigación, n.º 9. P. I. Los Olivos - 28906 Getafe (Madrid)

A María José,
¡mi capitana, oh mi capitana!
que me dejaste solo en el mar de la tristeza,
pero con un par de remos para poder cruzarlo.

La puesta del sol. Los prados ardiendo.
El día perdido, perdida la luz.
¿Por qué amo lo que se desvanece?

(The sun setting. The lawns of fire.
The lost day, the lost light.
Why do I love what fades?).

MARK STRAND

Azul Patinir
Blanco Friedrich
Verde Hopper.

Estos son los colores con que teje
de sueños, de desdichas y esperanza,
la vida mientras duermes su bandera.

I

AZUL PATINIR

Las dos orillas
son siempre una, pero se sabe solo al final,
después, después de naufragar entre ellas.

Hugo Mujica

ORIGEN

Yo no había nacido y ya Bob Dylan
había escrito letras que más tarde
cantarían los pobres y los ricos.
El mundo entonces no existía,
pues mis padres pensaban que jamás
tendrían descendencia o que tal vez,
siendo el futuro tan oscuro, hacerme
venir hasta aquí era una crueldad.

¿En qué lugar deja uno de no ser?

Yo nací un día en el que Dios estaba,
más que enfermo, diría que cansado,
y un ángel triste y otro alegre fueron
los custodios que entonces me asignó
para que no olvidase ya jamás
que en ese primer llanto acongojado,
cuando vemos por vez primera el mundo,
al tiempo que lloramos de alegría
nos ungen con el don de la tristeza.

RECICLAJE

Conservo desde que era joven
algún trozo de los objetos rotos
que pasaron por mi vida.
Lo sé, no valen nada,
pero si no los hubiese guardado
me faltaría algo que puedo ver
ahora cuando toco estos añicos.

Otros guardan recuerdos
de todo lo que fueron,
yo, de lo que iba a ser.

TEORÍA Y PRÁCTICA DEL LLANTO

Según estudios muy recientes,
para sobrevivir largos periodos
de tiempo sin tener que tocar tierra
algunas aves han desarrollado
un sofisticado sistema
con que expulsar la sal fuera del cuerpo,
pudiendo así beber agua del mar.

Lo que no dicen los estudios
es qué hacen esas aves cuando lloran,
cómo expulsan entonces su aflicción,
o si es que, como Ulises,
demoran con excusas su regreso
y se tragan las lágrimas a mares
con tal de no volver.

AZUL PATINIR[1]

Se me debió quedar grabado
algún día olvidado de la infancia
en que por vez primera atravesé
esa hermosa laguna con mis ojos.
No dejo desde entonces de viajar
por su profundo azul inexplicable,
desde la dicha a la tristeza
y otra vez de regreso a la alegría,
como si fuesen dos mundos conexos
y al mismo tiempo separados.
No he dejado tampoco de pagar
el precio que el barquero me reclama,
con tal de poder ver aquel color
que me conduce a puertos misteriosos
y me recuerda tanto a lo perdido.

---

[1] *El paso de la laguna Estigia*, Joachim Patinir. Museo Nacional del Prado.

TEMBLOR

Como el ruido apagado
de algo que está aún por llegar
—un seísmo, un alud, una tormenta—
y que solo los animales oyen,
la vida y el deseo no se anuncian
con la boca repleta de palabras,
sino con un temblor.

LA LLORONA

Ayer lloraba por verte, llorona,
hoy lloro porque te vi.
Canción popular mexicana

Llegué y la vi
frente a la pared blanca
de aquel hospital blanco,
suavemente apoyada la cabeza
en el blando triángulo del brazo.

Apartaba de nosotros el rostro
como un superhéroe usa su escudo
para aislarnos de la catástrofe,
tal vez también avergonzada
de revelar así su lado humano.

Nos fuimos yendo de uno en uno
para dejarla a solas con los dioses,
y que su ira pudiese desatarse,
y que la lucha fuese sin testigos.

COLLIGE, VIRGO, SPINAS

Tuve la juventud entre mis manos,
ahora su fulgor en los demás
aleja cualquier forma de consuelo
y trae hasta mí el inconfundible
olor a mar de la melancolía.

Otros lo han contado antes y mejor,
lo que me exime de la servidumbre
de tener que pararme en los detalles:
me entrego a la costumbre de la edad
que domestica a su animal salvaje
y lo encierra en la jaula del deseo.

Esta es al fin y al cabo la certeza
del que cuida un jardín y lo conoce:
la posverdad rosada de la rosa,
la espinosa verdad de las espinas.

DÍPTICO CELESTE

I

EL ÁNGEL MELANCÓLICO

En su célebre grabado[2] Durero
elige un ángel para representar
a la Melancolía.
¿Por qué no
una mujer o un hombre? se pregunta
el visitante que contempla
aquella imagen diminuta
oculta entre los cuadros del museo.
Tal vez porque algo tiene la tristeza
de castigo enviado de los cielos,
se responde.
O acaso, simplemente,
porque lo que está el ángel es cansado
de tener que bajar todas las noches
a soltar otra vez por este mundo
al demonio menor de la alegría.

---

2 *La melancolía*, grabado de Alberto Durero. Museo Nacional del Prado.

II

EL ÁNGEL CORRECTOR

Pues la ~~belleza~~ tristeza no es nada
sino el comienzo de lo ~~terrible~~ invisible,
corrigió el ángel a Rilke, sin duda
más preocupado por la decadencia
que a todo lo bello acompaña,
que por poder pasar a la historia
como un poeta menor.

UNA ISLA ES LO QUE QUEDA

Una isla es lo que queda
cuando todo se ha perdido.
MARÍA NEGRONI

Todos sabemos cuál es en el mapa
de entre todas las islas la que es nuestra:
ese lugar en el que levantamos
los cimientos de nuestra soledad:
allí, donde jamás seremos náufragos,
porque estamos a salvo de los otros;
aquí, donde es difícil ser feliz,
porque nosotros somos el tesoro
y también los dragones que lo guardan.

LOS OFICIOS

Mi oficio es entregarte un sobre en llamas.
El tuyo abrirlo
antes de que ya sea tarde.

LLORA *PRO NOBIS*

Señora de los valles en penumbra,
permite que amasen sin descanso
los ricos sin saberlo su tristeza,
los tristes su azulado patrimonio,
los sabios el dolor de su verdad.
Cuídate de tocar a los que alzamos
nuestro hogar en la dulce incertidumbre,
déjanos regresar todas las noches
al lugar donde nacen las preguntas
y llora siempre por nosotros.
Amén.

KINTSUGI[3]

Todavía conservo aquel espejo
que estaba en casa de mis padres,
pese a tener el vidrio roto
y haberse ido la pátina dorada
tan a la moda en esos días.

Es el único miembro
de la familia que conserva
en los restos de aquel oro borrado
la forma incierta del amor.

---

[3] Técnica japonesa de reparación con oro de la cerámica rota.

HABITAR UN CUERPO

Honrarlo mientras siga el viaje,
aprender de él la duración,
la plenitud y el abandono
que es ir hasta otro cuerpo,
mirarlo desde fuera y comprender,
aceptar por fin su decadencia,
dejarlo ir,
soltar sin ruido,
igual que se ama a un pájaro en el cielo,
la piedra que nos corresponde.

LA INCÓGNITA

He buscado sinónimos
que me hagan olvidar tu nombre,
lugares que desplacen
el lugar concurrido de la ausencia,
pero siempre estabas ahí,
como la equis de una ecuación
que se resistiera a ser despejada.
Y yo, que quise ahorrarme este calvario
de arrastrar la cruz del recuerdo,
olvidé que en los cuentos el tesoro
se tachaba, precisamente,
para poder situarlo en el mapa.

CRY ME A RIVER

Una lágrima es cosa disculpable,
por su carácter único,
por su tímida clandestinidad.
Lo que no tiene ya defensa
en este mundo tan reseco,
es el llorar sobre mojado,
a chorro vivo.
Como si no pasara nada
por dejar al aire la grieta
por donde el mundo asoma,
pero fuese algo indigno
reconocer que descendemos
de un río interior
y de un desbordamiento,
y que volvemos, rotos, del placer.

LA SOLEDAD DEL MONSTRUO

La memoria es una quimera
con las alas cortadas del presente
y el cuerpo hecho de ayer.
Su medio natural son las cenizas
que quedan después del incendio,
donde dicen que guarda los instantes
de los que no fuimos conscientes.
A veces se la oye aullar bajo la lluvia
melancólicamente al mundo,
como si quisiera decirnos
que, de todas las bestias que la habitan,
la más hambrienta es el olvido.

PARAÍSO QUEMADO

¿Cuándo perdimos el deseo, Adán,
por nuestra piel y por la carne cruda?
Tuvo que ser ese rayo dorado
que hizo arder para siempre el paraíso
y nos dejó la lengua seca.
Mas no olvides que si ahora
ya no vamos desnudos,
no es por esa humilde manzana
que te di a probar aquel día,
sino por la terrible pérdida
—no puedo mencionarlo sin dolor
y un punto de malsana envidia—
del ácido sabor de lo prohibido.

EL ÚLTIMO VAPORETTO

La belleza no es más que la promesa
de felicidad.

STENDHAL. *Roma, Nápoles y Florencia*

Esa mañana en la isla de *Torcello*
mi amor se sonreía mientras yo
me lamentaba como un héroe antiguo
por no haber alcanzado el vaporetto
que ya no volvería hasta la tarde.
Allí aprendimos la riqueza
extraordinaria de la pérdida,
sentados en un banco que aún guarda
como un tesoro antiguo la memoria:
Venecia allá a lo lejos se moría
de cansancio bajo una luz cambiante
y, poco a poco, se iba despojando
solo para nosotros de sus ropas.
No recuerdo una tarde más feliz
que aquella en que perdimos aquel barco,
liberados del tiempo por un tiempo,
salvados por el mal de la belleza.

II

BLANCO FRIEDRICH

Lo terrible es el borde, no el abismo.

Piedad Bonnett

TODOS LOS BLANCOS, EL BLANCO

Los esquimales pueden distinguir
diez matices de blanco entre la nieve.
Diez nombres diferentes
para poder amar mejor
lo que para nosotros es lo mismo.

Yo podría diferenciar
cien tipos de silencio en mis silencios,
pero todos podrían resumirse
en uno solo: la paciencia
de esperar a lo que llega sin nombrarlo.

IT'S A SAD AND BEAUTIFUL WORLD

Estar así,
sin nada encima más que el tiempo.
Dejarse ir de a poco,
estando ya mi casa sosegada,
en el aroma de los pinos
que sube en vaharadas por el aire.
Saber, al fin,
que no había que saber mucho
para darse cuenta de que esto,
tan triste y tan cruel
                                        y tan hermoso,
es la vida que cruje.
Y que duele.
Y que no importa.

PUNTO DE LECTURA

Los lugares en donde nos amamos
se acaban pareciendo mucho
a aquellas hojas que en los libros
aparecen a veces aplastadas
por el peso del tiempo: al descubrirlas
en la página donde las pusimos
para indicar que allí fuimos felices,
creemos ver en ellas un destello
de vida que recuerda a nuestra vida,
y aunque aún luzcan finas nervaduras
por donde antes la savia circulaba,
verlas así, sin su vigor de antaño,
nos devuelve a un ayer que ya no es nuestro.

Qué extraño entonces sonreír
si alguien, al vernos tristes, nos pregunta.

Qué forma de marcar a los amantes
con sus señales invisibles
emplea alegremente la tristeza.

FRAGILE

Los esfuerzos inútiles conducen
al parecer a la melancolía.
Y está bien que así sea,
te dices esta noche en que de nuevo
nada en tu vida está en su sitio,
mientras suena a lo lejos una radio
en la que *Sting* canta muy suave
esa canción que siempre te gustó,
y en los tejados cae la lluvia
trayendo algo de paz y de sosiego
like tears from a star
y una mano en el hombro te recuerda
que el mundo, pese a todo,
está bien hecho.

LACRIMOSA

Para curarme el ojo seco,
esa dolencia tan moderna,
vengo a una clínica del centro
decorada con muebles y paredes
de un blanco que deslumbra.
Tras aguadar unos minutos
me atiende una doctora joven.
—*Le falta lágrima*— me dice
sin pensar mucho lo que dice,
escribe el tratamiento para mi xeroftalmia
y luego se levanta de su silla.
—*Puede marcharse, ya hemos acabado*—
concluye, dándome la mano.
—*Y váyase tranquilo*— añade
como quien ha olvidado algo importante,
—*Ya puede volver a llorar*—.

EXTRACCIÓN DE LA PIEDRA
DE LA TRISTEZA

No es mi voz la que canta, dice el grillo,
frotándose los élitros sin pausa.

Ni tampoco es la mía la que escribe,
añado yo sin prisa, señalándome
el hueco de mi pecho con nostalgia.

NOTHINGNESS

¿Qué sostiene el todo en la nada?
Si nada se sujeta por sí solo
será que se apuntala en otra cosa,
que a su vez necesita algún lugar
donde apoyar sin preocuparse
su gravedad y su cansancio.

Quizás así se aguanta el mundo en vilo,
asiéndose cada uno a los demás
y todos empujando a un mismo tiempo
a la nada que trata de tragarnos.

O tal vez es cuestión de ligereza,
de confiar en que algo nos sostiene,
y vivir así, sin más cuidado,
como el pájaro que cruza la tarde
y va zurciendo el cielo con sus alas
para que no se caiga.

BLANCO FRIEDRICH

Siempre me atrajo esa figura[4]
que dándonos la espalda nos invita
a afrontar sin temor la inmensidad:
no hay asomo en su pose de aflicción,
al contrario, parece dueño
de un destino llamado a grandes cosas.
Podría ser cualquiera de nosotros,
pero tiene un poder que desconoce:
ha descubierto el blanco entre las cumbres,
y siente
que el que mira de frente la belleza
se vuelve invulnerable,
y sabe
que aunque luego baje al suelo
de allí no volverá.

---

[4] *Caminante sobre un mar de nubes*, Caspar David Friedrich, Kunsthalle.

DE VITA LEVIS

Preferir siempre lo pequeño,
que el corazón no se acostumbre
nunca a la abundancia y dejar
por toda herencia
a los demás las cosas grandes.
Que todo pese mucho
y haya muy pronto que soltarlo,
como quien lleva un cazo ardiendo
o desiste un día de la infancia
de llevarse, cubo a cubo, el mar.
Y así, con lo leve y con lo puesto,
ir echando raíces en el aire
hasta reconstruir aquel jardín
que alguna vez llamamos con nostalgia,
para poder soñarlo, paraíso.

UTILIDAD DE LA NOCHE

¿De qué sirve la noche
si no es para pagar a plazos a la muerte?
En este paréntesis te alcanzo a ver,
caballo blanco de Tarkovski
que llevas a lomos mi cadáver,
es bello verte y luego amanecer,
saber que fulges en lo oscuro,
luto inverso, animal de luz y de ceniza.
Un día pasearemos juntos,
mas vete ahora y corre libre
por la vieja película del tiempo.
Corre ahora, que dejo de soñar.

MENTIRAS RELATIVAS

Hay quien dice que escribir es mentir.
Mentira.
Escribir es contar una verdad
que no existía antes.

TAN HERMOSO VIAJE

Está sentada en un banco del parque
leyendo un ejemplar de *La Odisea*,
mientras yo ojeo las noticias.
Cuánta fe hay en su rostro ilusionado,
cuántos años y mares nos separan.
Si alguien nos tomara una foto
y la ampliara mucho,
tal vez alcanzaría a ver
una pequeña lágrima en mis ojos
y en su rostro una tímida sonrisa.

Lo dejo escrito en un papel
que luego olvido intencionadamente
sobre el banco, por si algún día llegan
los bárbaros, que puedan entenderlo
sin gran dificultad:
Let's Make Itaca Great Again.

LA ESPERA

Estuve toda el día esperando.
No escribía, no leía: esperaba.
Tan solo el sol sobre mi cuerpo
y unos vencejos grabando en el aire
el pentagrama de su errancia.
La espera me colmó. Y se hizo carne
en todos los instantes invisibles,
como el ser mayor que cobra vida
en un cardumen de peces diminutos.
Todo volvió más tarde a su lugar
sin que nadie se diese mucha cuenta.
Ahora es otro quien me espera a mí.

TRABALENGUAS

Por el triste trigal de la tristeza
tres palabras arrastran mi destino:
Soledad: sin saberlo una serpiente;
Deseo: donde duele lo distinto;
Ayer: al que no hay ya cómo llamarlo.

Mientras mi voz se traba al pronunciarlas,
tres tigres transparentes ya trasladan
hacia el húmedo hangar de la alegría
para poder en paz paladearlas,
mis penas, el poema y su verdad.

LA NIEBLA DE LOS DÍAS

El día lleva niebla en los bolsillos
como nosotros multas, sueños, llaves.
Ha amanecido todo blanco
porque blanca es la luz de la pureza,
pero también la de la muerte,
y todo pide ser algo distinto
mientras perdura esa ilusión.

La niebla dice día y luego se levanta,
devolviéndole al mundo su verdad
desnuda, que al volver a verse llora
como el niño para que venga el padre,
como la noche al ver que no tiene color.

EL CANTO DE LA TRIPULACIÓN

Qué hermosa es esta música
que nos hace tragar nuestra nostalgia
y devolverla transformada en canto,
pienso al oír los remos en el agua
mientras la nave se hunde en el silencio.

Somos unos pocos marineros
remando ciegamente entre la niebla
los que daríamos la vida
por un instante de certeza,
aunque fuera para saber
que nuestro capitán es un fantasma.

SEÑALÉTICA

La auténtica tristeza
no es la de los que pierden,
es la de los que tras ganar
descubren
que se han quedado solos.

III

VERDE HOPPER

Adiós tristeza.
Buenos días tristeza.
Estás inscrita en las líneas del techo.
Estás inscrita en los ojos que amo.

(Adieu tristesse.
Bonjour tristesse.
Tu es inscrite dans les lignes du plafond.
Tu es inscrite dans les yeux que j'aime).

PAUL ÉLUARD

LO INEVITABLE

No existe hallazgo
sino permutación.
Soy nube, potro, labio, aljibe
donde la vieja luna
se baña y se desdobla,
diccionario que pasa el viento
y me devuelve el mundo trastocado.
Soy quien escribe bajo un árbol,
pero también esto que escribo,
y el que es leído mientras lee.
Soy lo que toco, lo que miro,
todo lo que convoco al desnudarme.
Todo lo que no soy, lo soy
de alguna forma oscura,
inevitablemente, pese a mí.

VERDE HOPPER[5]

Al verla así, sentada en esa cama,
con la carta que acaba de leer
en sus rodillas, de golpe sentimos
todo el peso del mundo en nuestras manos.
Solo la mancha de color del suelo
deja al que mira el cuadro respirar
en medio de esa escena solitaria:
Hopper sabía que la vida
—ese motel de carretera—
coloca alguna alfombra verde
en cada habitación que nos asigna
para que pueda entrar sin hacer ruido
el animal con pies de la esperanza.

---

[5] *Habitación de hotel*, Edward Hopper. Museo Nacional Thyssen-Bornemisza.

TIERRA DE ALACRANES

Apenas han pasado algunos años
y esta extensión de tierra calcinada
al margen de la carretera
de nuevo es una mancha verde,
como si allí habitaran animales
que han hecho del arder una costumbre
y son capaces de resucitar
cuando el dios de la lluvia los convoca.

Ahora sopla el viento cuando el mar
quedó lejos hace tiempo… cantamos
a coro, mientras la distancia
va recubriendo de hierba la memoria,
y el coche ruge como si creyera
que es un caballo al que galopan
por tierras infestadas de alacranes
dos jinetes que escapan de la muerte.

TRÍPTICO LATINO

I

UTILITAS

La utilidad de un cuenco es su vacío,
reza un dicho oriental que me obsesiona,
probablemente porque pertenezco
al orden de las cosas inservibles.

Tal vez estas palabras, me digo,
sean solo un recipiente
en donde cabe casi todo
porque apenas dicen nada,
y que se adapta al que lo toma
entre sus manos pues alberga
otro vacío aún más fértil:
el de la posibilidad.

II

VERITAS

Si la verdad, como el deseo,
cae de un árbol prohibido
del que tomamos solo un fruto
cada vez, yo escogí la sombra,
ese lugar desde el que proteger
mi piel obscenamente pálida
del sol abrasador de la Verdad.

III

VANITAS

Escribo sobre la melancolía
para librarme de ella,
porque poseo un don que me sonroja.
Hablo de lo que no se ve
porque nubla los ojos de los hombres,
y arrastro sin dolor esta condena,
como un fantasma sus recuerdos.

Nunca entendimos que la pena
es un río que lleva hasta el origen.
Nunca sirvieron nuestras lágrimas
más que para fundar el mar.

LA SOLEDAD DEL ERIZO

Así he gastado los días
y me han desgastado las noches,
con la discreta elegancia animal
del erizo que busca por el mundo
un lugar sin espejos que lo hieran.

PLANETA MELANCOLÍA

Melancolía pasará justo por delante de nosotros.
Y será la vista más espectacular.
Me gustaría que lo veas conmigo por el telescopio.
LARS VON TRIER. *Melancholia*

He tardado tanto en llegar aquí,
espero que tú no tardes tanto:
el mundo es tan pequeño
que apenas cabe otro planeta,
pero les mostraremos que es posible
después de todo mantener
la compostura en el desorden,
la fe entre el desconcierto,
la calma en el impacto.

Aprenderemos juntos
cuando todo parezca ya perdido
el idioma secreto del silencio.

LÁGRIMAS EN LA LLUVIA

Todos estos momentos se
perderán en el tiempo.
BLADE RUNNER

Desde aquella mentira inaugural
—ese Edén del que fuimos expulsados—
vamos vestidos por prudencia.
No vaya a ser que otros descubran
al sabernos así, tan vulnerables,
con caricias perdidas en el tiempo
y lágrimas mezcladas con la lluvia,
que también somos humanos.

LA MÚSICA DEL MUNDO

Que todo permanece mientras suena
es algo que olvidamos a menudo,
pero los sonidos perduran
cuando se apaga lo que brilla:
el roce de una página al pasarse,
el granizo los trenes, las pisadas,
la terca persistencia de la luz
en la canción del cuco enamorado,
son acaso las notas invisibles
de una misma y extraña melodía.

No es necesario estar siempre felices:
la música del mundo nos consuela.

NO ORDINARY LOVE

Did somebody say that
a love like that won't last?

SADE ADU. *No ordinary love*

Tenías raro el cuerpo, el rostro raro.
No eras tú cuando de amor me hablabas,
cuando la primavera en tu vestido
era promesa de un ardor futuro,
pero a tus ojos azul *Levi's*
eléctrica asomaba la aflicción
de verte inalcanzable a este deseo.
Tuvimos al final que acostumbrarnos:
tú a mi voz de ultratumba en la pantalla,
yo a tu software por alguien diseñado
para calmar mi fiel melancolía.

VERBA VOLANT

Lo decía la abuela
con su idioma sin dientes:
todo nos habla con su falta.
Mucho más tarde mi hija
con su lengua de trapo
se encargaría de corroborarlo:
somos una frase incompleta
y vivir es hablar
este idioma de ciegos
en un mundo de sordos.

A VECES

No dejes que el lenguaje diga todo,
que tu lengua acabe en tu lengua,
el fin en la palabra *fin.*

A veces un silencio incómodo,
un ángel que no acaba de pasar,
el encuentro de dos antónimos
que al conocerse
acaban diciendo lo mismo.

A veces una llaga en la noche,
el funeral del fuego,
la pálida verdad de las palabras rotas.

LA PIEL DEL MUNDO

Tu fantasma está tan pálido,
el tiempo —¡ah!— tan loco,
los gatos maúllan demasiado alto,
la vida queda demasiado lejos,
y yo aquí, ni muy triste ni contento,
en esta gris mediocridad
de la que me he fugado unos minutos
para escribir este poema.

Como una figura en un cuadro
que escapa de su cárcel cada noche
para tocar el mundo, aunque duela.

EL PRIMER DÍA

Vas a querer vivir un poco más.
Y cuando te ofrezcan firmar
el pacto que otros antes ya firmaron,
vas a notar que pierdes las arrugas,
vas a sentir que otra vez eres joven,
vas a saber lo que es vivir sin alma,
vas a querer no haber leído nunca
este poema.
Algún día verás al fin la luz
del que asoma por vez primera al mundo.
Y no podrás llorar.

DE LO POSIBLE Y LO IMPOSIBLE

Lo imposible —qué hermoso nombre—
tan solo está al alcance de los locos;
a nosotros nos queda lo real,
ese hotel siempre lleno
con su geografía de escaleras
interminables y pasillos
donde perdernos y encontrarnos.
Para ellos las estrellas, los enigmas;
para nosotros el reto de vivir
con las migajas del banquete:
la ardiente eternidad de lo posible.

EPITAFIO INCOMPLETO

Aquí yace
no quien amó la vida
y en todo halló ocasión para cantarla,
aquí yace el otro, el invisible,
ese que por detrás se lamentaba
de no haberlo tenido todo
y malgastó doliéndose su tiempo.

Que la tierra le sea grave
y grabe su carne el olvido.

RECREACIÓN

Todo un día llorando
no me sirvió para nada,
pero al séptimo día,
de tanto vaciar los ojos
de mi propia existencia,
creé de nuevo
al verlo
el mundo.

EL DON DE LA TRISTEZA

Con las primeras lluvias lava el mundo
como un guerrero sus heridas,
mientras los mirlos afinan su voz
después de un largo invierno sin usarla
y a lo lejos se escuchan las canciones
de la tripulación que ya regresa
de otra dura jornada en alta mar.

Que el dios de los poemas me perdone,
pero no hay más verdad en lo que escribo
que la celebración de este misterio
de ser materia viva que se siente
parte de un todo inabarcable,
y de exhibir como una rara joya,
que otros esconden como un vicio,
el denostado don de la tristeza.

ÍNDICE

I
AZUL PATINIR

II
BLANCO FRIEDRICH

III
VERDE HOPPER

Esta primera edición de *El don de la tristeza*
se acabó de imprimir en Madrid el 8 de
marzo de 2026, vigésimo séptimo
aniversario del fallecimiento
de Adolfo Bioy Casares.